*Esta obra
no habría sido posible
sin la colaboración de
la Asociación Chaplin.*

LA VIDA DE CHARLES CHAPLIN

1889 Charles Chaplin nace en Londres un 16 de abril. A los veinte años viaja a Estados Unidos con la compañía de teatro de variedades de Fred Karno. Durante esta gira Mark Sennett, propietario de los estudios Keystone, se fijará en él.

1914 Chaplin aparece por primera vez en la pantalla en *Charlot, periodista* (*Making a Living*, 1914). A partir de su segunda película, *Carreras sofocantes* (*Kid Auto Races at Venice*, 1914), se presenta con los atributos de Charlot.

1914-1923 Chaplin rueda más de setenta cortos y mediometrajes. Trabaja sucesivamente para la Keystone, la Essanay y la First National, antes de crear en 1919 la United Artists Film Corporation, junto con Mary Pickford, Douglas Fairbanks y D. W. Griffith.

1918 Charles Chaplin se casa con Mildred Harris.

1925 Tras la realización de *La quimera del oro* (*The Gold Rush*, 1925), Chaplin disminuye la frecuencia de sus apariciones en la pantalla y se dedica exclusivamente a los largometrajes.

1926 Se casa con Lita Grey, con quien tendrá dos hijos.

1928-1967 Chaplin dirige ocho películas: *El circo* (*The Circus*, 1928); *Luces de la ciudad* (*City Lights*, 1931); *Tiempos modernos* (*Modern Times*, 1936); *El gran dictador* (*The Great Dictator*, 1940), el primer largometraje íntegramente sonoro de Chaplin, que en España no se estrenará hasta el año 1976; *Monsieur Verdoux* (1947); *Candilejas* (*Limelight*, 1952); *Un rey en Nueva York* (*A King in New York*, 1957), y *La condesa de Hong Kong* (*A Countess from Hong Kong*, 1967).
Actor en sus inicios, Chaplin interviene ahora en todas las facetas: se convierte en director, productor y compositor de la música de sus películas.

1936 Se casa con Paulette Goddard.

1943 Se casa con Oona O'Neill, hija del dramaturgo Eugene O'Neill. La pareja tendrá ocho hijos.

1947 Víctima del maccarthismo, Chaplin debe comparecer ante el Comité de Actividades Antiamericanas. La audiencia se aplaza tres veces, antes de ser definitivamente anulada.

1952 Chaplin, que todavía es ciudadano británico, se entera a bordo del barco que le lleva a Londres para asistir al estreno de *Candilejas*, que su visado americano ha sido anulado. Decide entonces instalarse en Suiza con su mujer y sus hijos.

1954 Recibe el Premio Internacional de la Paz.

1972 Por primera vez después de veinte años, Chaplin regresa a Estados Unidos. En Hollywood recibe un Oscar honorífico. Unos meses más tarde es galardonado con el León de Oro en el Festival de Cine de Venecia.

1977 La vida de Sir Charles Spencer Chaplin se apaga el 25 de diciembre de 1977, en su casa de Vevey, en Suiza.

CHAPLIN

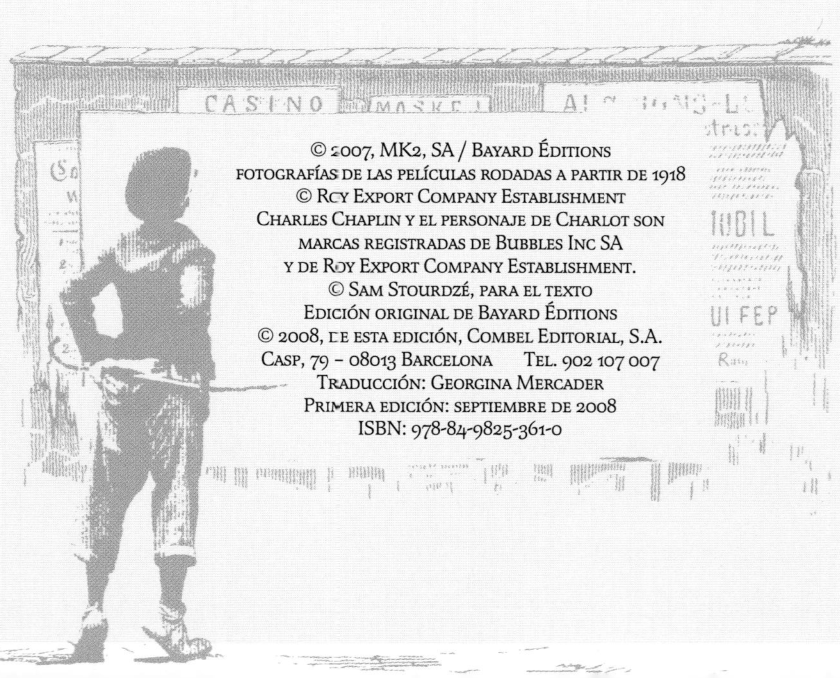

Edición original de Bayard Éditions

Casp, 79 – 08013 Barcelona Tel. 902 107 007
Traducción: Georgina Mercader
Primera edición: septiembre de 2008
ISBN: 978-84-9825-361-0

CHAPLIN

Sam Stourdzé

[7]

Combel
EDITORIAL

La magia del cine permite poner en escena la propia vida, reinterpretarla y añadir a la realidad una dosis de confusión. Charles Chaplin tuvo una infancia desgraciada, criado por una madre que padecía frecuentes ataques de locura y abandonado por un padre cuya carrera de cantante se daba más a menudo en los pubs de Londres que en los escenarios. Sin embargo, gracias al personaje de Charlot, que representaba la miseria que él había conocido tan de cerca, Chaplin conseguirá dinero y gloria.

Su ambición requería un país mayor, un continente situado bajo el signo del progreso. En el año 1912, Chaplin, aquel niño pobre de los barrios marginales de Londres, partió para conquistar América. Su talento requería un nuevo medio capaz de imponer su pantomima como lenguaje universal. En 1914, al cruzar la puerta de los estudios Keystone, unía su destino con el del cine y lo elevaría a la categoría de arte.

A pesar de que Chaplin supo dotar sus películas de una profunda fe en la humanidad, se descubre en ellas una verdadera desconfianza hacia los hombres. Charlot muestra una clara preferencia por el mundo de los objetos. El inconformista Chaplin tuvo que poner en escena los tiempos modernos. Tomando partido por los más débiles, Charlot reafirma su incapacidad para integrarse en cualquier tipo de organización social, para someterse a la norma.

Los años cuarenta marcaron un cambio de rumbo. El mando estaba en manos de los censores de unos Estados Unidos convertidos en reaccionarios. El mismo espíritu combativo que había elevado a la cima de la gloria un Chaplin rebelde, resultaba ahora incómodo. Su vida pública se había mezclado con su vida privada, la cual afectaba a su carrera de actor. Sus relaciones amorosas, sus posicionamientos cinematográficos o públicos en favor de los oprimidos, todo ello contribuía a levantar sospechas sobre aquel inmigrante inglés que nunca había renunciado a su nacionalidad.

El maccarthismo y su caza de brujas hicieron de Chaplin un blanco perfecto. Estados Unidos había cerrado las puertas a los hombres demasiado libres. Aunque no contaban con la tenaz independencia de aquel pequeño vagabundo que, como en el final de sus películas, prefería seguir su camino antes que instalarse en la conveniencia.

SAM STOURDZÉ

Programa

BIENVENIDOS AL ÍNDICE

PRIMERA PARTE — La creación de Charlot — PÁGINAS 11 A 32

que contiene estos ocho capítulos:

LA COMPAÑÍA KARNO *12*
EL PERSONAJE COBRA FORMA *14*
LOS ATRIBUTOS *16*
CHARLOT A PESAR DE TODO *18*
EL PRIMER CHARLOT *20*
EL NUEVO CHARLOT *22*
SIEMPRE ENTRE RISAS *24*
LOS IMITADORES *26*

¡Excepcional! PARA DESCANSAR UN MOMENTO, DESCUBRID UNA INCREÍBLE PÁGINA EN LA QUE SE PRESENTAN VARIAS PIEZAS DE MATERIAL IMPRESO RELACIONADO CON EL FANTÁSTICO CHARLIE CHAPLIN *28*

Y a continuación, cuatro láminas con maravillosas ilustraciones: ***Charlot visto por...*** *Loustal, Dupuy y Berbérian, Dubois, Mesnager, Weisbecker, Pierrot, Cestac y Taxali. Una mirada inédita a la obra de Chaplin* .... PÁGINAS 29 A 32

SEGUNDA PARTE — Chaplin en el trabajo — PÁGINAS 33 A 64

y estos son los once capítulos que la componen:

LOS PRIMEROS AÑOS *34*
LA PRIMERA PALADA *36*
CHAPLIN, REALIZADOR *38*
EL RODAJE DE *La quimera del oro* *40*
EL RODAJE DE *Luces de la ciudad* *44*
LA DIRECCIÓN DE ACTORES *46*
LA TRANSFORMACIÓN DE LOS OBJETOS *48*
ENTRE BASTIDORES *50*
LA MÚSICA *52*
EL BOXEO COMO UN BAILE *54*
LA COREOGRAFÍA *58*

Y aquí también, cuatro láminas de ilustraciones: ***Charlot visto por...*** *Kerner, Schamp, Roca, Hyman, Cilluffo, Petit-Roulet, Balez y Bloch, que ofrecen cada uno su visión de Chaplin* .... PÁGINAS 61 A 64

TERCERA PARTE — Del reconocimiento al exilio — PÁGINAS 65 A 89

que se divide en los diez capítulos citados aquí:

EL RECONOCIMIENTO *66*
CHARLOT ÍNTIMO *68*
LAS VANGUARDIAS *70*
LA PRIMERA GUERRA MUNDIAL *72*
EL COMPROMISO SOCIAL *74*
EL CASO JOAN BARRY Y EL EXILIO *76*
LA DANZA DE LOS PANECILLOS *78*
CHAPLIN, ORADOR *80*
ADIÓS, CHARLOT *82*
THE END *84*

¡Excepcional! Y COMO GRAN FINAL, UNA MAGNÍFICA PÁGINA QUE PRESENTA UNA COLECCIÓN DE OBJETOS INSÓLITOS RELACIONADOS CON EL MARAVILLOSO CHARLIE CHAPLIN *86*

A modo de conclusión, dos últimas páginas con ilustraciones inéditas: ***Charlot visto por...*** *Avril, Montserrat, Couture y Mézières* .... PÁGINAS 87-89

Y, para terminar, podréis leer las dos secciones que concluyen esta fantástica obra:

FILMOGRAFÍA *90*
CRÉDITOS *92*

«NO TENEMOS UN GUIÓN: PARTIMOS DE UNA IDEA Y SEGUIMOS EL DESARROLLO LÓGICO DE LOS ACONTECIMIENTOS.» CHAPLIN

Esperamos que tras una lectura atenta de este libro te habrás convertido en un VERDADERO ESPECIALISTA reconocido y apreciado de Charlie Chaplin.

No pierdas la ocasión de contar a tus amigos y conocidos que este interés repentino por el humor de Charlot lo has adquirido leyendo este libro.

Gracias.

«Siempre intento crear lo inesperado de una manera nueva.»
(Chaplin en «L'art de faire rire», *Ciné pour tous*, 15 de agosto de 1919)

(Y así hemos llegado al final de esta fabulosa obra, pero no te desesperes: ¡siempre puedes volver a empezar!)

Y ahora, ¡buena lectura!

Charles Chaplin

PRIMERA PARTE

La creación de Charlot

Abre bien los ojos, ¡comienza el espectáculo!

La compañía KARNO

Charles Chaplin, hacia 1911.

Chaplin, actor de la compañía Karno, representando el papel de un borracho en *A Night in a London Club*, hacia 1911.

En 1908, en Inglaterra, Chaplin emprendre, en el seno de la compañía de teatro de variedades Karno, una carrera de actor que estará llena de aprendizajes para él.

«En *The Football Match*», recuerda Karno, «Charlot [sic] representaba el papel de un joven malicioso que perseguía al portero para drogarle antes del partido [Después] fue el borracho en *Mumming Birds* [...]. Debido a las restricciones impuestas en aquella época al teatro de variedades, la duración total de los diálogos no podía exceder los veinte minutos. Puesto que la parte hablada sobrepasaba el tiempo permitido, sustituí el diálogo por la pantomima. Sin duda esta es la razón por la cual mi teatro dio tantos artistas al cine.» Charles Chaplin, aquel niño pobre de Londres, se convertiría muy pronto en el actor más famoso del mundo, en la primera estrella del cine.

Chaplin posa ante los primeros carteles que llevan su nombre, en San Francisco, en noviembre de 1911.

Charles Chaplin (en el centro), su hermano Sydney Chaplin (en la escalera), en la obra *Wall Pink's Repairs*, 1906.

El personaje cobra forma

En 1914 Chaplin abandona la compañía Karno y empieza a trabajar con la Keystone Film Company, en Hollywood. Poco a poco, su personaje irá modelándose. Un primer «Charlot» aparece en los rollos de la Keystone. Es un personaje pícaro y socarrón, que afirma un estilo libre y dinámico. Seducir a la mujer del vecino, robar discretamente a sus camaradas, jugar malas pasadas o dar puntapiés en el trasero son sus números favoritos. La intención es cómica y el recurso narrativo, limitado.

Carreras sofocantes es la segunda película en la cual aparece Chaplin, y la primera en la que se viste de Charlot. Se rodó en menos de una hora, la tarde del 10 de enero de 1914, en el barrio de Venice (Los Angeles). El equipo aprovechó un hecho real –una carrera de coches de pedales pilotados por niños– para poner en escena la obsesión de Charlot, que persiste en invadir el campo de la cámara. Hoy en día esta película impone su valor de manifiesto, ya que nos descubre la relación que vincula a Chaplin con su imagen. A partir de entonces la figura de Charlot adquiere todo el protagonismo.

UN PERSONAJE POCO SIMPÁTICO

El personaje revela, con cierta dosis de vulgaridad, toda su crueldad. En esta escena, Charlot y Mabel Normand en *El mazo de Charlot* (fotogramas, álbum Keystone, 1914).

Arriba: *Mabel y el auto infernal* (fotogramas, álbum Keystone, 1914).
Abajo: *Charlot se engaña* (fotogramas, álbum Keystone, 1914).

Las posturas de Charlot, hacia 1915.

Los atributos

«No tenía ninguna idea del personaje que iba a interpretar. Pero, en cuanto me disfracé, la ropa y el maquillaje me hicieron sentir lo que era. Empecé a descubrirlo y, al llegar al plató, ya estaba completamente formado. Cuando me presenté ante Sennett*, ya me había metido en la piel del personaje, y avancé haciendo molinillos con mi bastón. Los gags y las ideas cómicas se me agolpaban en la cabeza.»
(Charles Chaplin. *My Autobiography.* 1964)

*El propietario de la Keystone.

Sombrero

Este cartel publicitario de la película *El circo* proclama: «El sombrero más célebre del mundo.»

Bigote

«Me preguntaba si debía parecer joven o viejo y, recordando que Sennett me había tomado por una persona mayor, me añadí un pequeño bigote que me pareció que me daría unos años más sin disimular mi expresión.»
(Charles Chaplin. *My Autobiography.* 1964)

Traje

«No sabía cómo debía maquillarme. Mi traje de periodista no me gustaba. Camino de los vestuarios, pensé que podía ponerme unos pantalones muy anchos y grandes zapatos, y que añadiría al conjunto un bastón y un bombín. Quería que todo se contradijese: los pantalones exageradamente anchos, la chaqueta muy ajustada, el sombrero demasiado pequeño y los zapatos enormes.»
(Charles Chaplin. *My Autobiography*. 1964)

Zapatos

«La manera de andar, tan particular de Charlot, no es un invento suyo. La estrenó uno de mis cómicos, Walter Groves, y yo hice que Fred Kitchen la adoptara para interpretar el papel de Perkins. Cuando Charlot se puso los zapatos de Kitchen para representar su papel, heredó también ese caminar de pies planos. De esta manera tuvo la suerte de hacer reír al mundo entero.»
(Fred Karno. «Les Débuts de Charlot», *Vu*, 1 de abril 1931)

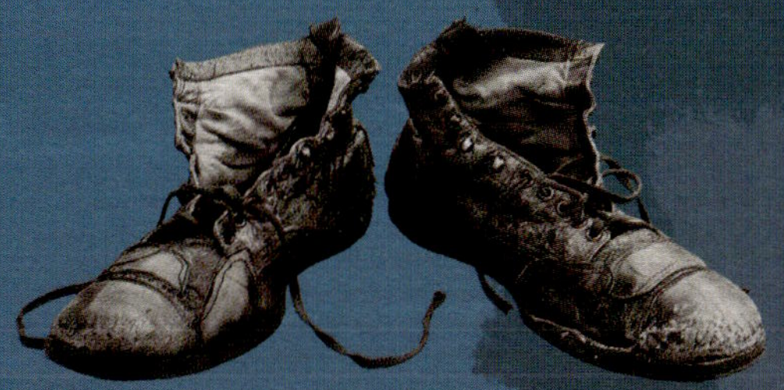

Los zapatones de Charlot, recorte de fotografía, sin fecha.

Bastón

«La idea del bastón es quizá mi hallazgo más afortunado, ya que el bastón es el elemento que me dio a conocer más rápidamente. Perfeccioné su uso hasta darle un carácter cómico. A menudo se queda enganchado en la pierna de alguien o me sirve para cogerlo por el brazo. De esta manera consigo hacer reír al público sin casi darme cuenta del gesto. Al principio no fui muy consciente de hasta qué punto –se podría decir que es el caso de millones de individuos–, un bastón etiqueta a un hombre como un *dandy*; por otro lado, cuando aparezco en escena balanceándome muy serio con mi pequeño bastón, se produce el efecto de que intento adoptar un aire de dignidad, que es exactamente lo que pretendo.»
(Charlie Chaplin. «L'art de faire rire», *Ciné pour tous*, 1919)

Charlot atrapa al infeliz millonario en *Luces de la ciudad*, 1931.

CHARLOT

Tiempos modernos, Charlot vestido de obrero, 1936.

El peregrino, Charlot de prisionero, 1922.

El peregrino, Charlot de sacerdote, 1922.

Luces de la ciudad, Charlot de barrendero, 1931.

«En *Charlot prehistórico* (1914), empezaba con un gag que marcaba mi entrada en escena. Aparecía vestido con una piel de oso, como un hombre de las cavernas, y mientras contemplaba el paisaje, me ponía a arrancar pelos de la piel de oso para llenar mi pipa. Era una idea lo suficientemente buena para transportarnos a una comedia prehistórica, con amor, rivalidad, luchas y persecuciones. Este era el método de trabajo que seguíamos todos en la Keystone.»
(Charles Chaplin. *My Autobiography*. 1964)

A PESAR DE TODO

Libre de toda limitación, Chaplin impone la existencia de Charlot y de su universo para abrir un abanico de posibilidades. Disfrazado de bombero, de sacerdote, de soldado, de obrero, de mujer o de hombre de las cavernas, Charlot juega con su apariencia, con la complicidad del público que en adelante le va a reconocer sea cual sea su identidad. Su caminar de pato, el bigote o el bastón nos recuerdan que quien se esconde bajo el disfraz es Charlot.

Charlot en la calle de la paz, Charlot de policía, 1917.

Armas al hombro, Charlot de soldado, 1918.

La cura, Charlot de botones, 1917.*

Charlot prehistórico, Charlot de hombre de las cavernas (fotograma, álbum Keystone, 1914).

*Este personaje no llegó a aparecer nunca en pantalla.

Esta **hucha** con la imagen de Charlot se vendió en el mundo entero.

El objeto Charlot

Cartel de *Auguste Leymarie*, 1918.

Año 1918

El primer Charlot

Esta mueca tan particular, que revela la maldad del personaje, data de la primera época de Charlot.

Los papeles femeninos están acordes con el carácter de Charlot. La esposa es una madrastra o una amargada, mientras que la seductora coquetea con total impunidad con aquel que desea la mujer de otro.

Todavía queda lejos aquel vagabundo humanista que todos recordamos, aquel que anda por un camino lleno de amor y de obstáculos.

El rostro de los inicios, recorte de fotografía, hacia 1915.

Carreras sofocantes (fotograma, álbum Keystone, 1914).

Colitho
A Product of Columbia Ribbon & Carbon Manufacturing Company

Mabel Normand y Chaplin en el papel de un *dandy*, y no en el de Charlot, en *Mabel y el auto infernal* (fotogramas, álbum Keystone, 1914).

Cartel de Auguste Leymarie, 1918.

Charlot y Phyllis Allen, su «encantadora» esposa, en *Día de paga*, 1922.

La fuga de Charlot, 1915.

El objeto Charlot

Caja de caramelos que se vendía en los cines durante los años veinte y treinta. Fabricada en Inglaterra.

El circo, con Merna Kennedy, 1927.

Tiempos modernos, con Paulette Goddard, 1936.

En unos años, Chaplin crea la psicología de su personaje, sobre todo su relación con las mujeres. Charlot se saca así la máscara de la burla para hacer aparecer sentimientos más nobles. «La forma desnuda de la farsa, del pastel de nata [...] proviene de mi primer entorno. Ahora intento apartarme de este humor y evolucionar hacia un registro interpretativo más refinado, más sutil», declara a un periodista en 1917. El pequeño vagabundo introduce entonces la compasión y la emoción en su interpretación.

Armas al hombro, con Edna Purviance, 1918.

Al sol, 1919.

El circo, 1927.

Chaplin se esfuerza por borrar determinadas actitudes de su personaje. Especialmente las muecas del principio, impregnadas de dureza, han desaparecido bajo una capa de maquillaje. El rostro de Charlot se convierte en el receptáculo de un amplio repertorio de expresiones.

Su compañera sigue al actor en su transformación. Se convierte en objeto de deseo y de pasión. Ahora impone respeto. Aunque los papeles femeninos secundarios continúan siendo los herederos directos de las brujas y las amargadas. Charlot persiste en su papel de agitador irreverente que se aprovecha de cualquier situación para hacer reír.

Tiempos modernos, 1936.

Charlot, camarero, 1914.
Cartel francés de Roberty.

El gran dictador, con Grace Hayle, 1940. Por razones meramente diplomáticas, Charlot-Hynkel empieza a bailar con la mujer del dictador Napaloni. «Señora, baila usted de forma admirable, excelente, estupenda…»

El circo, 1928. Los números patéticos de los payasos provocan la risa de Charlot, mientras que Allen Garcia, el director del circo, se muestra impasible.

El circo, 1928. Cartel anónimo.

Charlot, héroe del patín, recorte de fotografía, 1916. En esta película Charlot comparte la pantalla con Eric Campbell, figura esencial de su compañía. En cada una de sus apariciones no para de martirizarle, lo que da lugar a numerosas peleas brillantemente coreografiadas. A través de estos números, Charlie Chaplin revela a un vagabundo en equilibrio constante, que oscila, como él, entre lo cómico y lo trágico.

LOS

En el centro, un imitador de Charlot en los círculos berlineses, hacia 1920.

Cartel de Roger Soubie que muestra a Billy West, uno de los imitadores más conocidos de Chaplin, hacia 1920.

Concurso de imitadores de Charlot, 1921. Fotografía de W. J. Sandison.

Charlot y su doble Lloyd Bacon en *Charlot, encargado de bazar*, 1916.

Billy Ritchie, Billy Reeves y Billy West son los imitadores más perfectos de Charlot.

En unos años, Chaplin se convertirá en uno de los hombres mejor pagados de Estados Unidos, una estrella aclamada en todo el mundo, y muy pronto imitada.

Imitadores

«Señor Chaplin, le apreciaría todavía más si por fin fuera usted mismo, en lugar de tratar de imitar siempre a Billy West.»

A partir de 1915, en el teatro, Stan Laurel se pone el disfraz de Charlot.

En el cine, los tres Billy –Ritchie, Reeves y West– son los que encarnan con mayor gracia al personaje. Billy West es admirado incluso por el mismo Chaplin. E incluso la gente llega a confundir el original con la copia, tal y como demuestra la carta de un admirador que escribió a Chaplin: «Señor Chaplin, le apreciaría todavía más si por fin fuera usted mismo, en lugar de tratar de imitar siempre a Billy West.» Chaplin, muy astuto, responderá a la moda de los imitadores con un golpe de efecto, introduciendo su doble en *Charlot, encargado de bazar*.

En 1925, Chaplin lleva al Tribunal Supremo del Estado de California un caso de plagio. En *The Race Track*, pálido *remake* de *El chico*, Charles Amador se viste con el traje de Charlot y adopta el pseudónimo, como mínimo engañoso, de «Charlie Aplin».

Para confundir a los imitadores, en primer lugar los abogados de Chaplin deben establecer la originalidad del personaje de Charlot. Lo determinan mediante unas fotografías que el tribunal utiliza en el juicio, parapetándose, también él, detrás de la imagen como prueba. Obviamente, Charles Amador pierde el juicio. Charlot es único, y pertenece exclusivamente a Chaplin; ¡así lo ha decidido la justicia!

Fotografía mostrada como «Prueba C» en el juicio de Charles Chaplin contra Charles Amador, 1925.

El objeto Charlot

¡ATENCIÓN!

PRESENTACIÓN EXCEPCIONAL

de imágenes impresas

¡UNA VARIEDAD INIGUALABLE!

¡UN ECLECTICISMO INSÓLITO EN LA SELECCIÓN DE LAS PIEZAS!

¡TIRAJES EXTREMADAMENTE LIMITADOS!

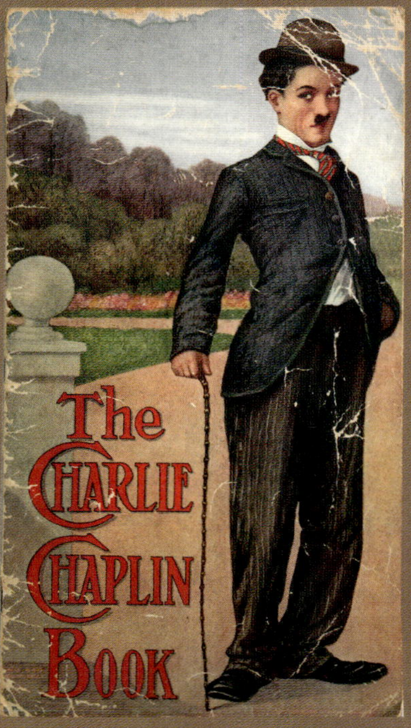

Libro de doce páginas publicado en 1916 por Samuel Gabriel Sons & Company, Estados Unidos.

Portada del periódico Cinémonde, marzo 1931.

Portada del periódico Ciné pour tous, junio 1922.

Esta célebre escena de Tiempos modernos ilustró un artículo de Le Point (abril de 1973). También fue utilizada por el periódico como cartel publicitario.

Primera página de Police Gazette, febrero 1953.

Libro sobre Chaplin y Lita Grey, su segunda esposa. Austria, 1928.

Police Gazette, febrero 1953. En el interior, cinco páginas sobre Chaplin.

Chaplin visto por…
JACQUES DE LOUSTAL

Chaplin visto por…
DUPUY-BERBÉRIAN

CHAPLIN VISTO POR...
GÉRARD DUBOIS

CHAPLIN VISTO POR...
JÉRÔME MESNAGER

Chaplin visto por...
PHILIPPE WEISBECKER

Chaplin visto por...
EMMANUEL PIERROT

La creación de Charlot
[31]

Chaplin visto por...
FLORENCE CESTAC

Chaplin visto por...
GARY TAXALI

SEGUNDA PARTE

Chaplin en el trabajo

«El estanque moderno»... podría ser el título de una bucólica película sobre la industrialización del campo.

LOS PRIMEROS AÑOS

Al pasar a la realización, Chaplin adquiere definitivamente el control de su personaje y sus recursos cómicos y, a su vez, de su imagen.

«A pesar de los chapuceros de la sala de montaje, en algunas [películas] había conseguido que dejaran una o dos ideas cómicas personales. Ahora ya conocía su método de montaje y por eso colocaba mis gags justo en el instante en el que entraba en una habitación, o bien cuando salía de ella, ya que sabía que de esta manera les sería más difícil cortarlos. Aprovechaba todas las ocasiones que se me presentaban para aprender mi oficio. Iba de la sala de revelado a la sala de montaje y observaba cómo trabajaba el montador. Y por aquel entonces tenía muchas ganas de escribir y de poner en escena mis propias comedias, y me confié a Sennett.»

1

1. Construcción de los decorados de *Charlot, encargado de bazar*, 1916.

2. *How to Make Movies*. De izquierda a derecha, una parte del equipo de rodaje reunido por Charles Chaplin: Tom Wilson, Loyal Underwood, Charles Chaplin, Henry Bergman, Edna Purviance y el cámara Jack Wilson, en el año 1918.

3. El equipo reunido para el rodaje en exteriores de *Charlot, músico ambulante*, 1916.

2 3

4 5

6

4. La construcción de los decorados de *Charlot, encargado de bazar*, 1916. Se instaló un toldo para filtrar la luz natural.

5. Estudios Keystone, Chaplin (en el centro) con el director D. W. Griffith (a la izquierda) y el productor Thomas H. Ince (a la derecha), 1914.

6. Escena de acción en *Charlot, bombero*, 1916. A lo lejos se ve Los Angeles, ¡que era entonces un inmenso campo!

LA PRIMERA PA-LA-DA

Charles Chaplin da la primera palada para la construcción de los estudios que llevarían su nombre. Los Angeles, noviembre de 1917.

Construcción de un decorado para *Tiempos modernos*, 1936.

Charlie Chaplin con la actriz Edna Purviance en *Charlot, tramoyista de cine*, 1916.

La preparación de una película responde a un rito muy preciso, que se organiza en varias etapas: «Después de tomar una decisión sobre el tema de la película, [Chaplin] vuelve a los estudios, reúne a sus amigos, les comunica su intención y les invita a expresar sus ideas; algunas le servirán para lo que podríamos llamar un acicate intelectual, la mayoría quedan descartadas inmediatamente.

»Cuando ya está seguro de que la idea de la película cuenta con la aprobación de sus amigos íntimos, y después de un proceso de elaboración que dura entre quince y sesenta días, su mayor preocupación es realizarla.

»Entonces el departamento técnico empieza a trabajar. Las órdenes llueven desde la dirección, y cada día los carpinteros y los maquinistas trabajan febrilmente en la construcción de un albergue, de una ciudad, de una calle pobre o elegante, según el caso. Chaplin puede haber dedicado varios meses a reflexionar sobre su idea de la película pero cuando ha tomado la decisión, no admite retrasos.»

(Elsie Codd. *Ciné pour tous*, 1919)

«Al expirar mi contrato con la Mutual, tenía prisa por empezar a trabajar con la First National, pero no teníamos estudios. Decidí comprar un terreno en Hollywood para construir unos. Este solar estaba situado en la esquina de Sunset Boulevard con la Brea, e incluía una magnífica casa de diez habitaciones y dos hectáreas de limoneros, naranjos y melocotoneros. Construimos allí un complejo perfecto, con laboratorio de revelado, salas de montaje y despachos.»
(Charles Chaplin. *My Autobiography*. 1964)

La entrada de los Estudios Chaplin: «Abierto todos los días de 9 a 5», 1917.

Un decorado que presenta la calle principal de los Estudios Chaplin.

Chaplin durante la construcción de sus estudios, 1917.

Chaplin supervisando el encuadre durante el rodaje de *Monsieur Verdoux*, 1946.

Chaplin mirando el negativo de *El chico*, hacia 1921.

Chaplin detrás de la cámara durante el rodaje de *Vida de perro*, 1918.

«Siempre intento crear lo inesperado de una manera nueva: si estoy seguro de que en una escena el público espera que yo cruce la calle a pie, de repente subo a un coche de un salto. Si quiero llamar la atención de alguien, en lugar de darle un golpecito con la mano en el hombro o llamarle, paso mi bastón por debajo de su brazo y lo acerco poco a poco hacia mí. Imaginarme lo que el público espera y hacer justamente lo contrario es un verdadero placer para mí.»

(Charlie Chaplin. «L'art de faire rire», *Ciné pour tous*, 15 de agosto de 1919)

Chaplin, realizador

Arriba: Chaplin dirigiendo el rodaje de *La quimera del oro*, marzo de 1924.

Foto superior: Chaplin dirigiendo a dos de sus actrices durante el rodaje de *How to Make Movies*, 1918. Esta película, que no llegó a estrenarse, presentaba en dieciséis minutos los entresijos de los Estudios Chaplin.

LA QUIMERA DEL ORO

El rodaje

Charlot con su cámara, Rollie Totheroh, durante el rodaje, en un decorado natural en Truckee, California, de *La quimera del oro*, marzo de 1924.

Durante el rodaje de *La quimera del oro* se contrataron centenares de figurantes para formar la columna humana que recorría las montañas, marzo de 1924.

El objeto Charlot

Libro La quimera del oro impreso y vendido en China hacia 1979.

El objeto Charlot

Figurita que representa una escena de *La quimera del oro*. Fabricada por Expressive Persons Inc., Estados Unidos, en 1990.

La cabaña, una simple fachada, se montó sobre unas ruedas (en la página anterior, la foto pequeña de la derecha); de esta manera se podía desplazar y dar la impresión de que subía o bajaba por la pendiente. Para adaptarse a la perspectiva –o más bien a la falta de ella–, Rollie Totheroh había montado también su cámara sobre ruedas. Así coordinaba su movimiento con el de la cabaña. Durante el proceso de montaje, Chaplin intercaló en la escena algunas tomas filmadas con una maqueta a tamaño reducido.

Durante el rodaje en exteriores de *La quimera del oro*, en Sierra Nevada, Charles Chaplin utilizó cuatro cámaras. El intenso efecto de reflexión de la nieve hacía que las condiciones de iluminación fueran extremas, lo que obligó a Chaplin a conservar sólo unas pocas escenas de exterior. David Hall, el decorador de Chaplin, reconstruyó en los estudios el decorado nevado. Fueron necesarios varios meses para recrear los paisajes nevados de Alaska, y más de ochenta mil metros de madera para construir armazones, doscientas toneladas de yeso, siete mil quinientos metros de tela metálica y siete mil quinientos metros de lona. Para fabricar la nieve se utilizaron cien toneladas de harina y doscientas ochenta y cinco de sal. En 1942, cuando Chaplin reestrenó su película, modificó ligeramente la versión muda, suprimió los subtítulos para grabar el contenido con su propia voz y compuso una nueva música. Cambió incluso algunos planos, utilizando otras tomas y ángulos distintos.

Charlie Chaplin y Mack Swain en *La quimera del oro*, 1925.

LUCES DE LA CIUDAD

EL RODAJE

Charlot con Virginia Cherrill, en el papel de la joven ciega, durante el rodaje.

En una calle embotellada, tres filas de automóviles bloquean el tráfico. En el centro hay un policía motorizado que también está parado. Charlot entra en escena e intenta cruzar la calle. Al ver al policía se asusta (reacción instintiva ante una figura que representa la autoridad). Decide, pues, esquivar al motorista, pero no puede cruzar la calle porque dos coches con los parachoques enganchados le impiden el paso. Con aire malicioso, abre una de las puertas y sube al coche. Ya en la otra acera, Charlot cierra la puerta detrás suyo y se encuentra ante una joven ciega que vende flores. Pero, ¿cómo va a tomar esta joven ciega a Charlot por un millonario?

El rodaje de esta escena le costó a Chaplin varios meses de trabajo. Sabía que tenía que llamar la atención sobre dos elementos: por un lado, el descubrimiento por parte de Charlot de la ceguera de la joven y, por otro, la confusión de ella al tomarle por un millonario.

Lámpara fabricada en Japón.

El objeto Charlot

Luces de la ciudad, durante el rodaje, 1928-1931.

Al principio, Chaplin intentó rodar un encuentro entre el millonario y la ciega, pero la escena no funcionó. Cuando finalmente encontró el encuadre que le convenía, ¡el informe de producción indicaba que habían llegado ya al tercer mes de rodaje! Al final, la escena quedó así: la joven ciega oye salir a Charlot de la limusina. Este, con una última moneda que encuentra en su bolsillo, le compra una flor y descubre entonces su discapacidad. En ese mismo instante hace su aparición el auténtico millonario. Con un paso apresurado, llega a la limusina y se va. Sorprendida, la joven se gira hacia el automóvil para indicarle con un gesto que se olvida del cambio. Acaba de confundir a Charlot con el millonario y se emociona con su generosidad. Charlot prefiere alejarse de puntillas antes que descubrirse y decepcionar a la joven. Con esta decisión de mantener la confusión, Chaplin acaba de dibujar a sus personajes y trazar el argumento de la película.

Cartel de *Luces de la ciudad*, 1931.

Chaplin dirigiendo al millonario en una escena que después descartará en el montaje final.

LA DIRECCIÓN DE ACTORES

Chaplin en el trabajo [46]

1

3

2

4

1. Charlot ayuda a Paulette Goddard durante el rodaje de *Tiempos modernos*, 1933-1936.

2. Durante el rodaje de *How to Make Movies*, de izquierda a derecha: Tom Wilson, Loyal Underwood, Charles Chaplin, Henry Bergman, Edna Purviance y el cámara Jack Wilson, 1918.

3. Chaplin y su equipo durante el rodaje de *Tiempos modernos*, 1933-1936.

4. Chaplin ensaya con Sophia Loren durante el rodaje de *La condesa de Hong Kong*, 1966.

Charles Chaplin recorrió medio siglo de la historia del cine. En 1914, el año de su debut, el séptimo arte se encuentra todavía en su etapa prehistórica. Para *La condesa de Hong Kong* (1967), su última película, Chaplin contrata a Marlon Brando y Sophia Loren. Entre Brando, el actor formado en el Actor's Studio, y el pequeño vagabundo autodidacta se produce un choque generacional. Tippi Hedren describe así el ambiente que reinaba en el plató: «Su manera de trabajar no se parecía a la de ningún otro director. Antes de empezar a rodar él mismo interpretaba cada papel. Interpretaba el papel de Sophia, el de Marlon, el de Sydney Chaplin y finalmente, el mío. Y al terminar decía: "Muy bien, ahora ya podéis hacerlo vosotros." Pero era imposible, nadie podía imitar al maestro. Era increíble. Nadie daba crédito. Marlon lo detestaba.» (Ronald L. Davis, entrevista a Tippi Hedren, 24 de julio de 1982)

LA TRANSFORMACIÓN DE LOS OBJETOS

Reconocemos en seguida a Charlot por su aspecto. La ropa, su caminar característico y sus legendarios atributos imponen una identificación inmediata. Pero él amplió esta sensación de reconocimiento confiriendo al cuerpo del personaje de Charlot un poder semejante al de sus atributos. Heredero del teatro popular y de la Commedia dell'Arte, Chaplin integra las limitaciones de la escritura cinematográfica, inventa un lenguaje moderno en el que el cuerpo navega entre metamorfosis y movimiento.

La transformación de los objetos añade un toque de incongruencia a la marca de fábrica del personaje Charlot. Esta multitud de idas y venidas entre el mundo real y su versión onírica señala la progresión narrativa de las películas de Chaplin.

Cuando una pipeta de aceite se convierte, entre las manos expertas de Charlot, en un palo de golf. *Tiempos modernos*, Chaplin con Chester Conklin, 1936.

Charlot peleándose con un maniquí en *Tiempos modernos*, 1936.

Cuando una escoba se convierte en un taco de billar. *Charlot, prestamista*, 1916.

Charlot, un poco ebrio, se cree en mitad de la jungla... *Charlot a la una de la madrugada*, 1916.

ENTRE BASTIDORES

Cualquier situación puede provocar la risa. A pesar de que a menudo parece que los gags se suceden en un encadenamiento natural, Chaplin los reflexiona con detenimiento y los trabaja con paciencia hasta quedar satisfecho. Así, en *Tiempos modernos*, una breve escena nos muestra a una mujer corpulenta perseguida por Charlot, que quiere ajustarle los «tornillos». Las fotografías preparatorias parecen indicar que Chaplin llevó sus ansias de perfección hasta el extremo de organizar un *casting* para seleccionar la actriz que aparecerá en los créditos como «la mujer de la blusa con botones», aquella que ofrezca el busto más generoso...

Casting para *Tiempos modernos*, 1936.

Atraído por los botones de la blusa, que confunde con unos tornillos a apretar, Charlot persigue a Juana Sutton en *Tiempos modernos*, 1936.

Armas al hombro (1918) se rodó en medio de una asfixiante ola de calor. «Trabajar camuflado dentro de un tronco de árbol [...] no era nada confortable. No soporto trabajar en exteriores porque uno se distrae. La concentración y la inspiración se las lleva el viento.» (Charles Chaplin. *My Autobiography*. 1964)

Actor, director y productor, Charles Chaplin es un hombre orquesta que también quería componer la música de sus películas.

«Una de las ventajas del cine sonoro era que podía controlar la música; [...] Me esforzaba por componer una música elegante y romántica para acompañar mis comedias, en contraste con el personaje de Charlot, ya que una música elegante daba a mis películas una dimensión afectiva. Los arreglistas raramente lo com-prendían. Ellos querían una música divertida. Pero yo les expliqué que no quería competencia, que pedía a la música que fuera un contrapunto de encanto y de elegancia, que expre-sara un sentimiento, sin lo cual una obra de arte está incompleta.»
(Charles Chaplin. *My Autobiography*. 1964)

LA MÚS

Disco de 78 revoluciones producido por Emerson Records. Chaplin compuso esta música entre 1915 y 1916.

Do. Chaplin y la orquesta de Abe Lyman, con la que grabó su canción «Sing a Song» en el año 1925, durante la promoción de la película *La quimera del oro*.

Re. Charlie Chaplin toca el violín, entre 1927 y 1934.

Mi. Chaplin y la orquesta de Abe Lyman (Abe Lyman está sentado al lado de Charlot).

El objeto Charlot

Tocadiscos para niños
Charlie mueve las piernas cuando el disco gira. Fabricado en Francia durante los años veinte.

EL BOXEO COMO UN BAILE

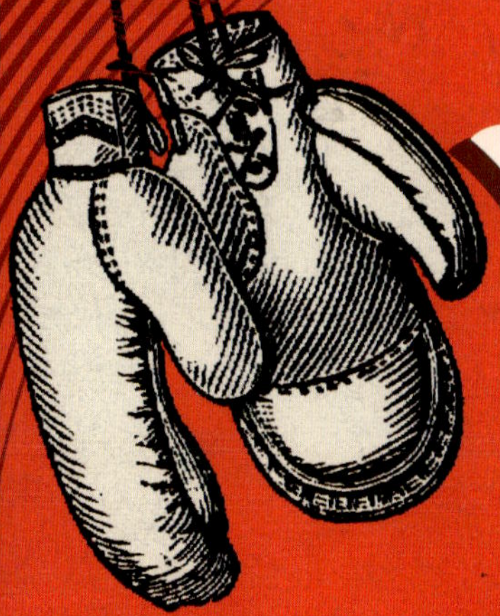

Charlot, campeón de boxeo, 1915.

Chaplin

siempre estuvo fascinado por el boxeo. Trabó amistad con los más grandes boxeadores. Los invitaba a los estudios, donde asistían a los rodajes y se prestaban con gusto a las puestas en escena improvisadas de Chaplin. Quizá habría que buscar una explicación de esta pasión por el boxeo en este recuerdo que comparte con nosotros Raymond Lee. El joven actor, que interpreta una pelea con Jackie Coogan en *El chico*, recuerda cómo les dirigió Chaplin en una breve escena para la cual se necesitaron más de cincuenta tomas: «Chicos, la escena es muy sencilla. Realmente sencilla. Dos niños se pelean. Todos los niños se pelean. En este mismo instante, en el mundo debe de haber un millón de niños peleándose. Lo lleváis dentro, como las amígdalas. Pero, sobre todo, no se trata de pelearse de verdad, debéis hacer como si bailarais juntos.»

Charles Chaplin haciendo de boxeador, 1924.

El objeto Charlot

Charlot lucha contra Hank Mann en *Luces de la ciudad*, 1931.

Chaplin boxeando con el actor Mack Swain, que lleva la ropa del personaje que interpretaba en *La quimera del oro*, mientras el verdadero boxeador, Kid McCoy, hace de árbitro, 1924.

Chaplin con el boxeador Ted Lewis, 1924.

The Charlie Chaplin Book (página central). Publicado en 1916 por Samuel Gabriel Sons & Company, Estados Unidos.

Charlot y Fatty en el café (fotogramas, álbum Keystone, 1914).

Charlot lucha contra Hank Mann en *Luces de la ciudad*, 1931.

En cada escena, Charlot se mueve como si bailara. Cuanto más errática es la trayectoria, más ordenada y precisa es la mecánica. Una persecución o una tímida pirueta, los tambaleos de un borracho o un paso de baile en el cuerpo a cuerpo de un combate de boxeo; cualquier movimiento del cuerpo de Charlot, como una pantomima adaptada al cine, se convierte en una forma de expresión.

LA COREOGRAFÍA

Charlot en *Charlot, héroe del patín*, 1916. Recorte de fotografía.

El circo, 1928.

El gran dictador, 1940.

Tiempos modernos, 1936.

Luces de la ciudad, 1931.

El 2 de enero de 1917, la Mutual Film Corporation recibe una carta del director de una sala de cine: «Anoche proyectamos su película de Charlie Chaplin titulada *Charlot, héroe del patín*. Las risas persistentes y los gritos y chillidos de los espectadores hicieron que una gran parte del edificio se derrumbara. El yeso del techo cayó y una parte del suelo se hundió [...]. *Charlot, héroe del patín* es una amenaza para cualquier edificio. Un solo día de proyección nos cuesta una fortuna en reparaciones. Adjuntas a esta carta encontrarán las facturas por las obras del paleta y de la carpintería. Les agradeceríamos enviaran un cheque por el valor de estos gastos.»

Charlot, héroe del patín, 1916.

Charlot con las cuatro ninfas: Helen Kohn, Olive Burton, Willie Mae Carson y Olive Alcorn, durante el rodaje de *Al sol*, 1919.

NIJINSKY

«Nijinsky visitó los estudios con algunos miembros de los Ballets Rusos. Era un hombre serio, con un rostro agradable de pómulos marcados y unos ojos tristes que le daban el aire de un monje. Nosotros estábamos rodando *La cura*. Sentado detrás de la cámara, me observaba mientras yo trabajaba en una escena que me parecía divertida, pero él no sonreía [...]. Antes de marcharse, vino a darme la mano y me dijo [...] que le había gustado mucho mi trabajo, y después me pidió si podía volver. "Pues claro", le dije yo. Pasó dos días más observándome. [...] "Su comedia es heredera del ballet", decía. "Usted es un bailarín". Yo todavía no había visto los Ballets Rusos; de hecho, no había visto ningún otro ballet. Pero al terminar la semana, me invitó a asistir a una de sus representaciones [...]. Desde el mismo instante en que [Nijinsky] apareció, me quedé maravillado. He visto pocos genios alrededor del mundo, y él era uno de ellos. Ejercía sobre el público un efecto casi hipnótico, tenía la apariencia de un dios, y su aire melancólico dejaba entrever ambientes de otros mundos; cada uno de sus movimientos era poesía, cada salto un vuelo hacia una extraña fantasía.» Entonces Chaplin comprendió que al calificarle de bailarín, Nijinsky le había hecho el mejor elogio.
(Charles Chaplin. *My Autobiography.* 1964)

Chaplin visto por...
Emmanuel Kerner

Chaplin visto por...
Tom Schamp

Chaplin visto por...
François Roca

Chaplin visto por...
Miles Hyman

Chaplin visto por...
Laurent Cilluffo

Chaplin visto por...
Philippe Petit-Roulet

Chaplin visto por...
Olivier Balez

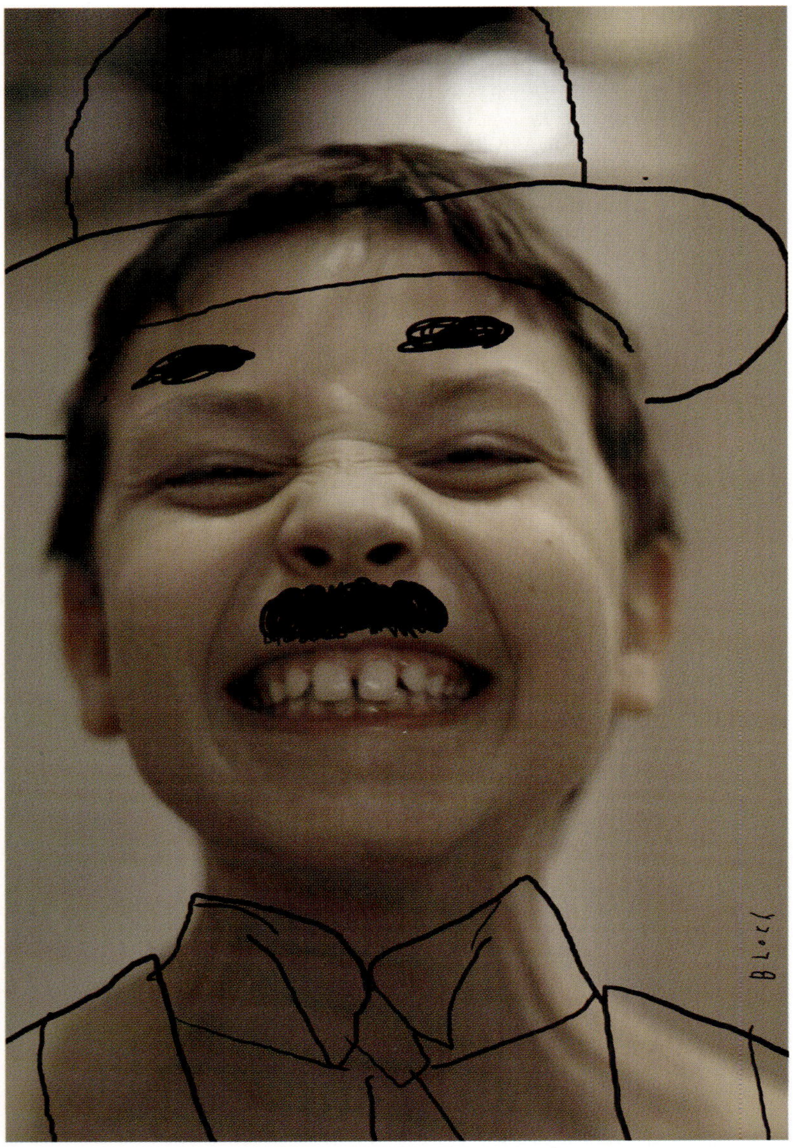

on est tous des charlots

Chaplin visto por...
Serge Bloch

De película en película, ¡hubo una verdadera quimera del arte!

TERCERA PARTE

Del reconocimiento al exilio

El Reconocimiento

Douglas Fairbanks, Mary Pickford, D. W. Griffith y Charles Chaplin durante la creación de la United Artists Film Corporation, el 17 de abril de 1919.

Chaplin acompañado de Albert Einstein en el estreno en Los Ángeles de *Luces de la ciudad*, 1931.

Chaplin y Paulette Goddard hablando en la radio durante el estreno de *Tiempos modernos* en el Rivoli Theater de Nueva York, el 5 de febrero de 1936.

Charles Chaplin posa con un muñeco de su personaje, 1917.

El estreno de *Tiempos modernos* en el Rivoli Theater de Nueva York, el 5 de febrero de 1936.

Chaplin llevado por la multitud durante su viaje a Viena, en 1931.

Es difícil imaginar la magnitud del éxito de Charlot. Cuando se anunciaba la visita de Chaplin en una ciudad, miles de admiradores se desplazaban al lugar para recibirle. En aquella época la fama de Charlot llegaba hasta los rincones más alejados...

Al inicio de su carrera, Chaplin viajó a Nueva York. El tren en que viajaba hizo una parada en la ciudad de Amarillo. La noticia de su presencia en el tren había llegado mucho antes que él. Chaplin recordaba la multitud y las celebraciones que se preparaban en el andén: «En aquella época nadie me reconocía si no llevaba maquillaje [...], de repente oí muy claramente unas voces que decían:

–¿Dónde está?

Entonces una multitud subió al tren y recorrió los pasillos vociferando:

–¿Dónde está? ¿Dónde está Charlie Chaplin?

–Aquí –dije yo.

–En nombre del alcalde de Amarillo y de todos sus admiradores, le invitamos a tomar un refresco con nosotros.

Entonces, un pánico terrible me asaltó.»

(Charles Chaplin. *My Autobiography*. 1964)

CHARLOT ÍNTIMO

Las risas no se limitaban exclusivamente a los platós de rodaje. Entre bastidores también era frecuente la diversión. Chaplin no escatimaba en nada. Invitaba a las personalidades que estaban de paso en Los Angeles a visitar sus estudios, y les proponía que se prestasen a todo tipo de escenas burlescas. Winston Churchill en persona le honró con su visita. A menudo, pues, Chaplin exhibía su generosa sonrisa. Sin embargo, un día Cocteau le preguntó por qué tenía un aire triste, y él le respondió muy serio: «Porque me he hecho rico haciendo películas sobre los pobres.»

Charlie Chaplin y su hija Josephine, en Manoir de Ban, Suiza, hacia 1954.

Chaplin y su mujer Oona durante el rodaje de *La condesa de Hong Kong*, 1966.

Charlie Chaplin y su hija Victoria en el jardín de Manoir de Ban, Suiza, hacia 1956.

Charlie Chaplin y sus hijos Michael, Josephine y Eugene en Manoir de Ban, Suiza, hacia 1957.

Charlie Chaplin y Douglas Fairbanks (abajo a la izquierda). Este último llevaba el pelo largo para el rodaje de *Robin de los bosques*, hacia 1922.

Charlie Chaplin y su hermano Sydney en la segunda fila, con los miembros de la compañía de ballet del Orpheum Theatre, hacia 1919.

Charlie Chaplin y Roscoe Arbuckle en California, hacia 1918.

Charlie Chaplin y Paulette Goddard bailan en la cubierta del barco durante el crucero que realizaron entre Asia y Estados Unidos, 1936.

Lita Grey y Charlie Chaplin firman un contrato para el papel que ella interpretó en *La quimera del oro*, el 2 de marzo de 1924.

EL OBJETO CHARLOT

Fragmento del periódico Picture Show. Los periódicos de la época se deleitaban con la vida privada de Chaplin.

LAS VANGUARDIAS

Charlie Chaplin, collage de Karel Teige, hacia 1920.

Durante los años veinte y treinta, las revistas son verdaderos laboratorios de investigación visual.
En este contexto, en 1931 la revista *VU* dedica un número especial a Charles Chaplin y se arriesga con un tratamiento radical de la cubierta. Con un reencuadre extremo de un retrato clásico de James Abbe, el rostro de Chaplin queda depurado, fuera de contexto, hasta dejar al margen los atributos de Charlot.
Sólo el bigote puede sugerir todavía un cierto parecido con el célebre actor.

Chaplin, de Rudolf Ausleger, dibujo con pluma, 1923.

Smich, collage de Evzen Markalous, hacia 1926.

Charlot cubista, de Fernand Léger, ilustración para el libro de Ivan Goll, *Die Chapliniade*, 1920. © ADAGP, París 2007.

Die Chapliniade, de Ivan Goll, publicado en 1920 por la editorial Rudolf Kaemmerer Verlag, de Dresden. Ilustración de la cubierta de Hans Blanke.

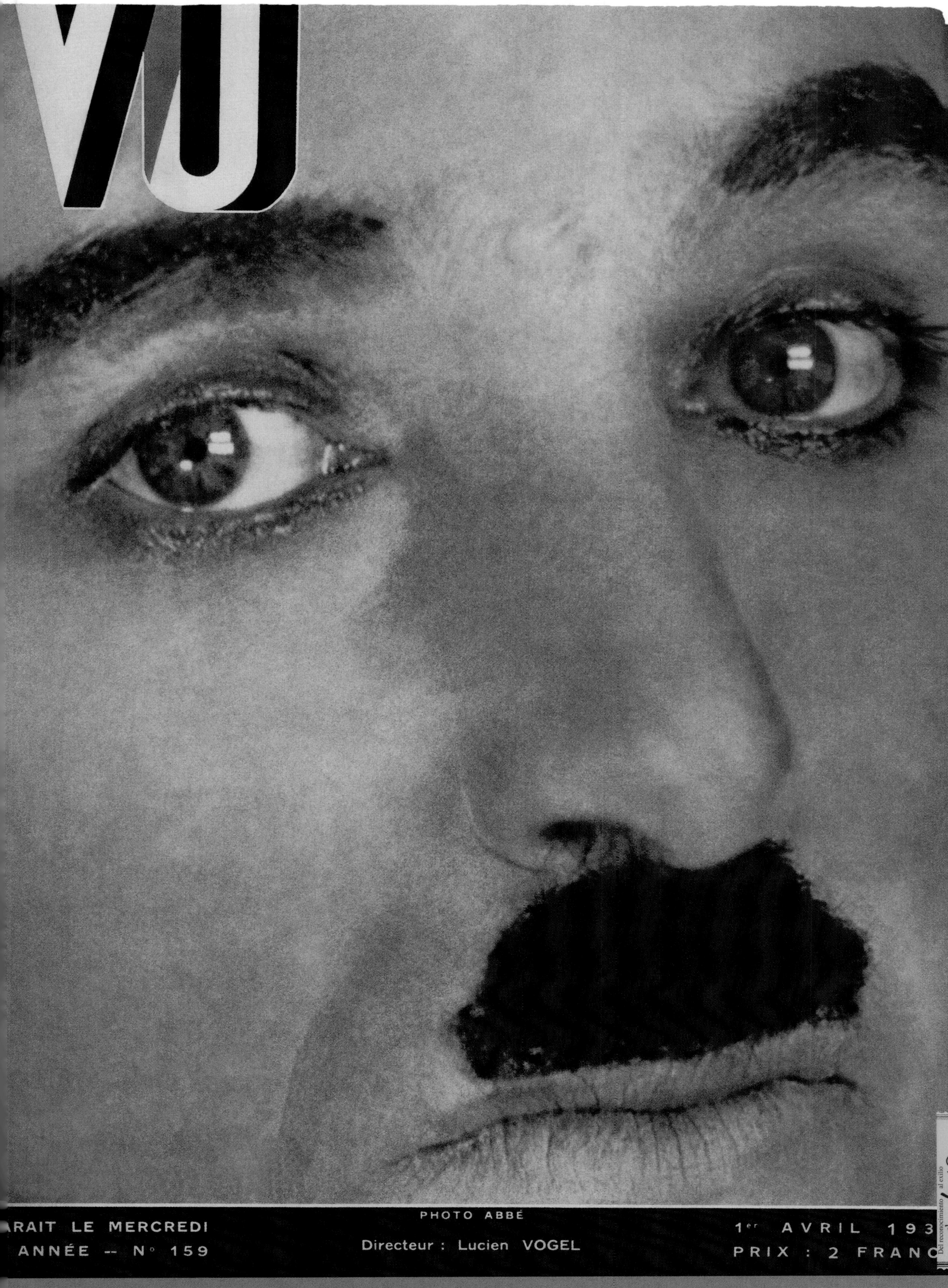

Portada de la revista *VU*, n.º 159, 1 de abril de 1931, dedicada a Charlot.

Un recorrido por los movimientos europeos de vanguardia de los años veinte y treinta (de los surrealistas a los dadaistas, de los futuristas a los constructivistas, pasando por la Bauhaus...) confirma la atracción que ejercía Charlot sobre los artistas. Se convirtió en una fuente de inspiración inagotable para todos aquellos que habían decidido sacudir la vieja fortaleza del arte.

Fernand Léger descubre las películas de Chaplin gracias a Apollinaire. Queda fascinado por la mecánica del cuerpo de Charlot. En 1920 ilustra con cuatro grabados el «poema cinematográfico» de Ivan Goll *Die Chapliniade*. Emprende también la realización de una película de animación *Charlot cubista*, para la cual confecciona varios personajes con piezas de madera articuladas. Léger sólo rodó dos secuencias, que integró posteriormente en su película *Ballet mecánico* (1924).

El 5 de junio de 1917, los Lone Star, los estudios de Chaplin, publican un comunicado en el que se informa de que Chaplin se ha presentado a las oficinas de reclutamiento para incorporarse al ejército, pero que lo han declarado inútil por motivos físicos. En efecto, con su metro y sesenta y dos, no cumplía con los requisitos de admisión. Chaplin retomará esta idea para su película *Armas al hombro*. En la primera secuencia se ve como Charlot recibe una orden de movilización y acude a la revisión médica obligatoria antes de incorporarse al ejército de los Estados Unidos. Esta escena, finalmente ausente del montaje definitivo, se ha conservado inédita.

Armas al hombro, Charlot vestido de soldado americano, 1918.

Armas al hombro, 1918.

Charlot con Paulette Goddard en *Tiempos modernos*, 1936.
Esta escena será suprimida en el montaje final de la película.

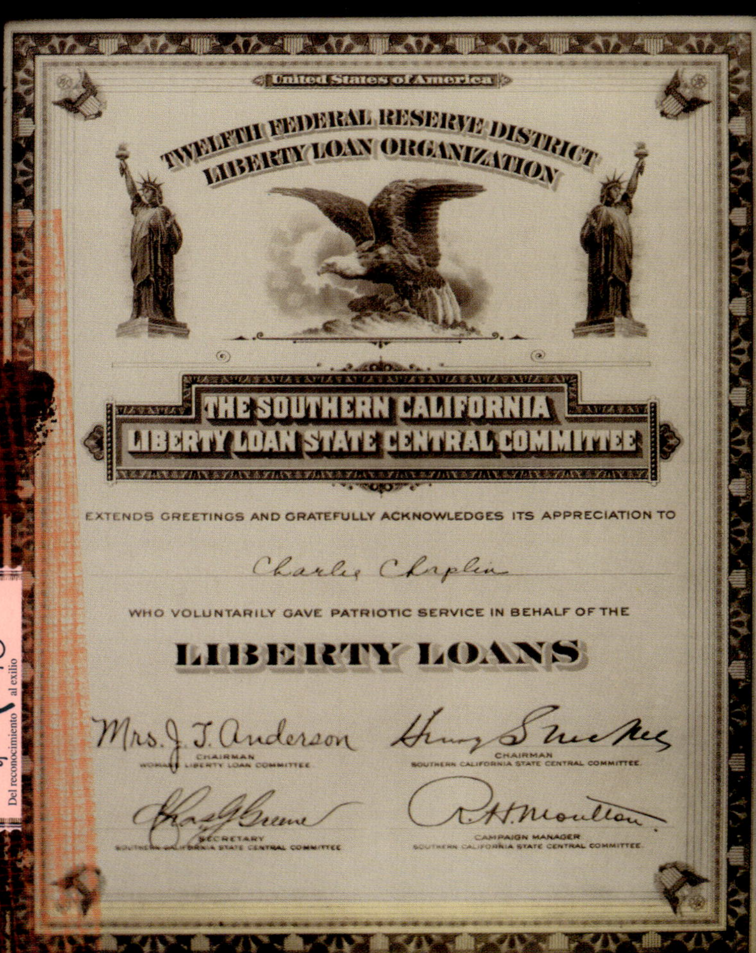

United States of America

TWELFTH FEDERAL RESERVE DISTRICT
LIBERTY LOAN ORGANIZATION

THE SOUTHERN CALIFORNIA
LIBERTY LOAN STATE CENTRAL COMMITTEE

EXTENDS GREETINGS AND GRATEFULLY ACKNOWLEDGES ITS APPRECIATION TO

Charles Chaplin

WHO VOLUNTARILY GAVE PATRIOTIC SERVICE IN BEHALF OF THE

LIBERTY LOANS

Mrs. J. T. Anderson — CHAIRMAN, WOMAN'S LIBERTY LOAN COMMITTEE
[signature] — CHAIRMAN, SOUTHERN CALIFORNIA STATE CENTRAL COMMITTEE
Chas. J. Greene — SECRETARY, SOUTHERN CALIFORNIA STATE CENTRAL COMMITTEE
R. H. Moulton — CAMPAIGN MANAGER, SOUTHERN CALIFORNIA STATE CENTRAL COMMITTEE

Bonos de la Libertad, 1918.

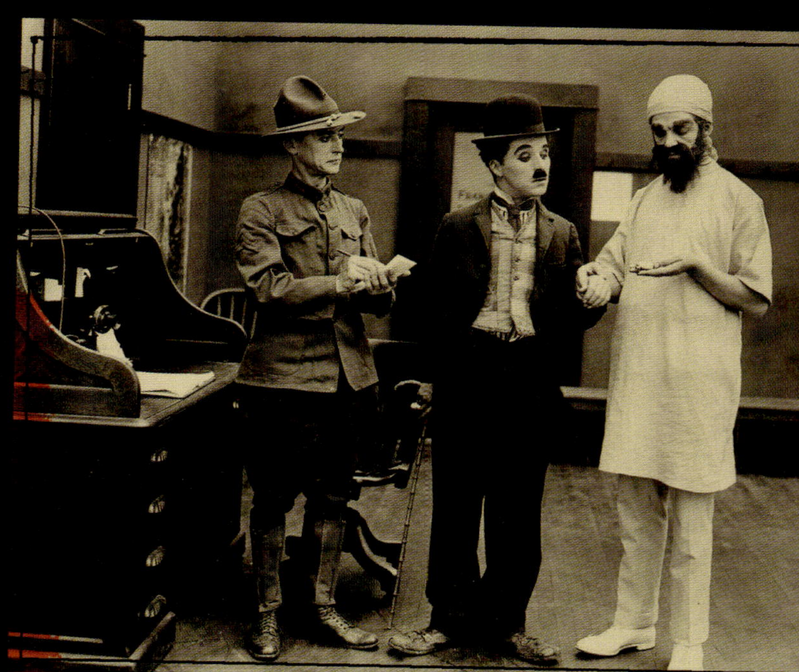

Armas al hombro, 1918. La escena de la revisión médica suprimida en el montaje.

En 1918, Chaplin declara solemnemente a la revista *Pictures and Picture Goers*: «Yo quería incorporarme al ejército británico para luchar por mi país de origen, pero recibí tantas cartas del frente, y también de civiles, en las que me pedían que siguiera haciendo películas, que llegué a la conclusión de que mi lugar estaba aquí, en Los Ángeles. Pero si un solo país piensa que me necesita más a mí en las trincheras que los soldados mis películas, iré.»

Chaplin durante la tercera campaña de los Bonos de la Libertad, Filadelfia, abril de 1918.

LA PRIMERA GUERRA MUNDIAL

Ávido de viajes, encuentros y lecturas, Chaplin despierta y alimenta su conciencia política. A pesar de su carácter más bien pacifista, al estallar la Primera Guerra Mundial se compromete a instancias del gobierno norteamericano y para frenar los ataques de los grupos de presión. También participa en la campaña de venta de los Bonos de la Libertad y realiza una pequeña película de propaganda, *The Bond* (1918). Pero en cuanto termina con sus obligaciones, comienza ese mismo año el rodaje de *Armas al hombro* y reconquista el público y la crítica.

«Ahora escuchadme. Nunca en mi vida he pronunciado un discurso, pero hoy estoy preparado. En esta tercera campaña de los Bonos de la Libertad, quiero que vosotros, los que estáis aquí, os olvidéis de los porcentajes. Hay vidas humanas en juego, y en estas circunstancias, nadie tiene derecho a preguntarse por los tipos de interés o por lo que ganará con la compra de estos bonos. Se necesita dinero para mantener el gran ejército y la marina de la patria del tío Sam. Mientras os hablo, los alemanes nos llevan ventaja. Necesitamos dólares para expulsar de Francia el viejo demonio del káiser.»

EL COMPROMISO SOCIAL

Tiempos modernos, 1936. Charlot atrapado en el engranaje de la máquina.

En los años treinta, Chaplin ha ganado en madurez y se reafirma en su visión política. Formula y hace públicas teorías económicas y propuestas de reformas monetarias. Introduce también en sus películas los elementos de una crítica social. *Luces de la ciudad* dibuja el retrato de una burguesía ociosa que se hunde entre la amnesia y el alcoholismo. *Tiempos modernos* ataca frontalmente las relaciones del hombre con la máquina. *El gran dictador* habla de algo que muchos, en aquella época, preferían silenciar. Es una de las pocas películas que denunció el nazismo en plena guerra.

Tiempos modernos, 1936.
Charlot conduce sin querer la manifestación de los obreros.

Consejos de Chaplin en un texto publicado en 1933 en la revista ***Woman's Home Companion***:

«–Reducir el gobierno.

–Controlar los precios, los intereses y los beneficios.

–Convertir las colonias inglesas en una "Unión económica".

–Fomentar los intercambios mundiales y abolir el patrón oro.

–Reducir la jornada laboral y garantizar unos ingresos "confortables" para todos.

–"Favorecer la iniciativa privada" no tiene por qué r en contra del "bienestar de la mayoría".»

el caso Joan Barry y el ex

En unos Estados Unidos reaccionarios marcados por el periodo de la caza de brujas del senador McCarthy, de repente sale a la luz el caso Joan Barry. La resolución judicial de esta demanda de reconocimiento de paternidad será favorable a Chaplin, pero el encarnizamiento mediático tendrá consecuencias funestas sobre su imagen. En 1952, a bordo de un barco que le lleva a Inglaterra, Chaplin se entera de que no le van a renovar su visado americano.

Esta decisión, tomada por el ministro de Justicia de los Estados Unidos, se basa en una ley que autoriza la expulsión de extranjeros por razones de «moral, salud pública, demencia, propaganda a favor del comunismo o asociación con organizaciones comunistas o pro-comunistas».

Se instala entonces en Suiza con Oona, su última mujer, y sus hijos.

Toma de huellas dactilares de Chaplin en el marco del caso Joan Barry, el 14 de febrero de 1944.

Candilejas, 1952.

El circo, 1928, donde reencontramos al pequeño vagabundo aislado, con la multitud que le da la espalda. A pesar de ser el rey de la risa y de los gags, Charlot también puede convertirse en un personaje solitario y melancólico.

En 1946, el *Hollywood Reporter* se pregunta por qué se permite todavía a Chaplin vivir en los Estados Unidos cuando no para de criticar ferozmente al gobierno. En 1947 declara al *Reynolds News*, bajo el titular «Ya estoy harto de Hollywood»: «Hollywood ha librado una última batalla, que perderá si no decide renunciar a la estandarización de todas sus películas; la perderá hasta que no se dé cuenta de que el cine no puede producir obras maestras en masa, [...] el dinero no debe ser el dios todopoderoso de esta comunidad decadente. [...] Yo, Charlie Chaplin, declaro que Hollywood se está muriendo.»

El objeto Chaplin

Dibujo de prensa
Cuando la administración americana decide anular el visado de Chaplin, todos los periódicos europeos reaccionan con contundencia, como en este ejemplar alemán.

Volkszeitung

30. Okt. 1952

„Freiheit" in USA

Der amerikanische Justizminister McGranery hat den Einwanderungsbehörden Befehl erteilt, den berühmten Filmschauspieler Charlie Chaplin, der zur Premiere seines neuen Films in Europa weilt, nicht mehr in die USA zurückzulassen. Charlie Chaplin, den die Reaktion schon lange verfolgt, ist „Kommunismus" zur Last gelegt worden.

Mehrere Labour-Abgeordnete des britischen Unterhauses stellten vor einigen Tagen an den Außenminister Eden die Frage: „Was gedenkt die britische Regierung gegen die schändliche Behandlung Charly Chaplins durch die amerikanische Regierung zu tun?" Die Uraufführung des neuen Chaplin-Films „Rampenlicht" hatte in London großen Erfolg.

La danza de los panecillos en *La quimera del oro* (fotograma, 1925).

La danza

Chaplin había inventado un lenguaje universal, el lenguaje del cuerpo, con el cual eliminaba la frontera de las lenguas. Así, pues, sabía mejor que nadie que Charlot estaba condenado al silencio.

En *La quimera del oro*, Georgia y sus amigas piden a Charlot que pronuncie un discurso. Él se levanta, balbucea algunas palabras y finalmente inicia la danza de los panecillos. Esta célebre escena se impone al discurso como un desfile.

En 1925 todavía no se plantea la cuestión del cine sonoro; sin embargo, Chaplin afirma ya la supremacía de su lenguaje corporal.

Seis años después, *Luces de la ciudad* se situará en el centro del debate sobre el sonoro. Charlot, en una toma de partido radical, continúa en silencio.

Chaplin vuelve a interpretar la danza de los panecillos.

de Los panecillos

En 1936, cuando se estrenó *Tiempos modernos*, el cine sonoro tenía ya casi diez años. El espectador de la época, fiel desde hacía más de veinte años a las aventuras de Charlot, ya está preparado para oírle hablar. Al final de la película, Charlot es contratado en un restaurante con la condición de que cante para los clientes. Charlot, el maestro del cine mudo, no podía hablar: decide, pues, cantar. De pirueta en pirueta, Chaplin siempre sorprende a su público. En efecto, en el último minuto, ¡Charlot pierde la letra de la canción! Entonces improvisa una lengua ininteligible para todos... Nos deja oír el sonido de su voz, ¡pero no entendemos lo que dice! El misterio permanece intacto. Una vez más, Chaplin evita tomar la palabra...

«Cuántos de nosotros sabemos disfrutar del silencio, este don universal, quizá porque no se puede comprar. Los ricos compran el ruido. Nuestra alma se deleita en medio del silencio natural, aquel silencio que nunca se resiste a quien lo busca.»

(Charlie Chaplin. *My Trip Abroad.* Harper & Brothers, 1922)

«No creo que mi voz pueda aportar nada a ninguna de mis comedias. Al contrario, destruiría la ilusión que quiero crear, la de una pequeña silueta que simboliza todo lo que hace reír, [...] no un personaje real sino una idea humorística, una abstracción cómica.»

(«Chaplin contra el cine sonoro», *Cinéa*, 15 de julio de 1929)

Luces de la ciudad, durante el rodaje, 1928-1931. Chaplin enseña a Henry Bergman a pronunciar su discuso.

CHAPLIN ORADOR

Chaplin vestido de sacerdote, durante su sermón en *El peregrino*, 1922.

Durante el rodaje de *Luces de la ciudad*, 1928-1931. Chaplin realiza algunas pruebas de voz.

Chaplin y Paulette Goddard copian la letra de la canción en *Tiempos modernos*, 1936.

Adiós, Charlot

En *El gran dictador*, Chaplin interpreta el doble papel de Hynkel y del barbero judío. Al final de la película, cuando Schultz suplica a Charlot, a quien han confundido con el dictador: «Tiene que hablar, es nuestra única esperanza», Charlot, cabizbajo, repite la palabra «esperanza». Entonces avanza hacia la tribuna y pronuncia un largo mensaje de paz. En este primer y último turno de palabra, Charlot ha hablado con la voz de Chaplin. «La primera película en la que la historia se impone al pequeño vagabundo», dirá Chaplin.

El gran dictador, 1940.
Chaplin y Paulette Goddard.

El gran dictador, 1940: proyecto de otro final para la película. Escena eliminada en el montaje.

«Ahora ya sabemos cómo terminó la historia que había empezado hacía poco más de treinta y tres años. Charlot, Monsieur Verdoux y Charles Chaplin son la misma persona. Se trata de aquel hombrecillo que va en mangas de camisa y anda dando pequeños saltos, a quien dos verdugos llevan al cadalso. El trayecto hacia la guillotina es el final terreno del camino que atraviesa toda la obra de Chaplin. El camino sin fin de *Al sol*, de *El peregrino*, de *El circo* y de *Tiempos modernos*. Un camino que nos parece que se prolonga en las imágenes más allá del patíbulo hasta el cielo, donde se eleva aguantando la cabeza, con las dos alas de plumas blancas de *El chico*: san Charlot, alias Monsieur Verdoux.»

(André Bazin. «Monsieur Verdoux ou le martyre de Charlot», *L'Écran Français*, núm. 131, 1947)

Chaplin en la escena del discurso final de *El gran dictador*, 1940.

Monsieur Verdoux, 1947.

Tiempos modernos, 1936.

Rodaje de *Tiempos modernos*, 1936.

Tiempos modernos, 1936.

El circo, 1928.

Tiempos modernos, 1936.

El circo, 1928.

Durante mucho tiempo, Chaplin terminó sus películas mostrándonos a Charlot de espaldas, alejándose solo por un camino. Con esta rúbrica, Charlot reafirmaba el carácter definitivamente solitario de su personaje, ofreciéndonos a la vez un mensaje más optimista, el del retorno anunciado. Así, pues, si en el final de la película Charlot se iba como de costumbre, ¡eso quería decir que iba a volver! En el final de *Tiempos modernos* Charlot, por primera vez, no se marcha solo sino en compañía de Paulette Goddard. Al principio Chaplin había pensado en un final más triste para su película: Paulette entraba en un convento, y después de una última visita, Charlot retoma su camino solo. Finalmente, Chaplin prefirió terminar con esta nota positiva. Fue la última, ya que en la película siguiente, *El gran dictador*, Charlot, en lugar de partir, se pone a hablar. Así, pues, Chaplin mantuvo su visión optimista del mundo tanto tiempo como pudo, pero el mundo había cambiado...

El saludo de Calvero, el viejo payaso, en *Candilejas*, 1952.

El objeto Chaplin

¡ATENCIÓN!

GRAN EXPOSICIÓN DE OBJETOS CHARLOT

FLASH!

UNA VARIEDAD INIGUALABLE. UN ECLECTICISMO INSÓLITO EN LA SELECCIÓN DE LAS PIEZAS. TIRAJES EXTREMADAMENTE LIMITADOS.

¡Coma sushi CON CHARLOT!

Palillos importados de Kyoto (Japón), en 1976. En aquella época en Japón había numerosos bares y restaurantes con el nombre de Chaplin o que utilizaban su imagen como logotipo. Algunos llevaban la fantasía hasta el extremo de ofrecer menús, servilletas y un paquete de accesorios o de objetos promocionales con el rostro de Charlot. ¡Increíbles, estos japoneses!

¡EN COLOR!

Gran libro para colorear con cuarenta y ocho páginas. Impreso en 1941.

CALCETINES CHARLOT

La cadena de grandes almacenes C&A vendía, a mediados de los años noventa, pares de calcetines adornados con motivos inspirados en el universo de Charlie Chaplin.

¡HASTA EL 56! ¡PIDA SU NÚMERO!

VINO CHAPLIN

Botella de vino vendida en abril de 1989 en el festival "Chaplin, 100 años", organizado en Vevey (Suiza).

El sacacorchos Charlot ¡Imprescindible!

FUME CHARLOT

Paquete de cigarrillos fabricado en Estados Unidos en 1975. La historia no permite saber si estos cigarrillos tenían un sabor exquisito e inimitable, pero podríamos desconfiar de ello con razón, ya que la marca desapareció en seguida del mercado norteamericano, por desgracia para los coleccionistas charlotófilos aficionados a la nicotina.

ESTE PRODUCTO NO ES APTO PARA LOS NIÑOS.

PISAPAPELES TIEMPOS MODERNOS

Figurita de yeso de una de las escenas más célebres de la película Tiempos modernos, encontrada en 1976 en una tienda de Vevey, Suiza.

PARA LLEGAR PUNTUAL A LAS PROYECCIONES DE SUS PELÍCULAS, NO HAY MÁS QUE UNO, EL INCREÍBLE...

RELOJ CHARLOT

A mediados de los años setenta, en Japón y en Hong Kong se podían comprar relojes como estos. Estaban decorados con un pequeño Charlot o con una escena de alguna de sus películas y se comercializaron una decena de modelos distintos.

LOS CACAHUETES CHAPLIN

¡CALIDAD* extra!

LA JARRA DEL CHICO

Pequeña jarra encontrada en 1980 en el mercado de antigüedades de Londres. Fue fabricada en Inglaterra durante los años veinte. Hay un segundo modelo, del mismo estilo, que muestra otra escena de la película El chico.

PERFUME CHARLOT

Este frasco de perfume fue comprado en Bangkok (Tailandia) en 1987, por la módica cantidad de 3 euros. Al parecer, tuvo una amplia difusión en toda Asia, ya que en 1995 todavía se vendía en Pattaya (Tailandia).

Este plato, comprado en Niles (Estados Unidos), se fabricó especialmente para el setenta y cinco aniversario de los estudios Essanay, que se celebró en 1990.

¡COMA COMO UN PRÍNCIPE CON UNA «VIDA DE PERRO»!

Chaplin visto por...
François Avril

Chaplin visto por...
Pep Montserrat

CHAPLIN VISTO POR...
CHARLÉLIE COUTURE

CHAPLIN VISTO POR...
JEAN-CLAUDE MÉZIÈRES

Cartel norteamericano. *Charlie Chaplin's Burlesque on Carmen*, anónimo, 1916.

FILMOGRAFÍA

LAS PELÍCULAS DE LA KEYSTONE
PRODUCCIÓN: KEYSTONE FILM COMPANY

1914

Charlot, periodista (Making a Living)
Carreras sofocantes (Kid Auto Races at Venice)
Aventuras extraordinarias de Mabel (Mabel's Strange Predicament)
Charlot y el paraguas (Between Showers)
Charlot hace cine (A Film Johnnie)
Charlot en el baile (Tango Tangles)
Charlot extremadamente galante (His Favorite Pastime)
Un amor cruel (Cruel, Cruel Love)
Charlot, huésped ideal (The Star Boarder)
Mabel y el auto infernal (Mabel at the Wheel)
Charlot de conquista (Twenty Minutes of Love)
Charlot, camarero (Caught in a Cabaret)
Charlot y la sonámbula (Caught in the Rain)
Charlot, sufragista (A Busy Day)
El mazo de Charlot (The Fatal Mallet)
Charlot, ladrón elegante (Her Friend the Bandit)
Charlot, árbitro (The Knockout)
Mabel, vendedora ambulante (Mabel's Busy Day)
Charlot en la vida conyugal (Mabel's Married Life)
Charlot, falso dentista (Laughing Gas)
Charlot, "régisseur" (The Property Man)
Charlot, pintor (The Face on the Bar Room Floor)
La pícara primavera (Recreation)
Charlot, artista de cine (The Masquerader)
Nueva colocación de Charlot (His New Profession)
Charlot y Fatty en el café (The Rounders)
Charlot, conserje (The New Janitor)
Jes, rival de Charlot (Those Love Pangs)
Charlot, panadero (Dough and Dynamite)
Mabel y Charlot en las carreras (Gentlemen of Nerve)
Charlot domina el piano (His Musical Career)
Charlot se engaña (His Trysting Place)
Aventuras de Tillie (Tillie's Punctured Romance)
Charlot tiene una mujer celosa (Getting Acquainted)
Charlot, prehistórico (His Prehistoric Past)

LAS PELÍCULAS DE LA ESSANAY
PRODUCCIÓN: ESSANAY FILM MANUFACTURING COMPANY

1915

Charlot cambia de oficio (His New Job)
Charlot, trasnochador (A Night Out)
Charlot, campeón de boxeo (The Champion)
Charlot en el parque (In the Park)
La fuga de Charlot (The Jitney Elopement)
Charlot, vagabundo (The Tramp)
Charlot en la playa (By the Sea)
Charlot trabajando de papelista (Work)
Charlot, perfecta dama (A Woman)
Charlot, portero de banco (The Bank)
Charlot, marinero (Shanghaied)
Charlot en el teatro (A Night in the Show)

1916

Charlie Chaplin's Burlesque on Carmen
Charlot, licenciado de presidio (Police)
Aventuras de Charlot (Triple Trouble)

1917

Charlot, encargado de bazar (The Floorwalker)
Charlot, bombero (The Fireman)
Charlot, músico ambulante (The Vagabond)
Charlot a la una de la madrugada (One A.M.)
El conde (The Count)
Charlot, prestamista (The Pawnshop)
Charlot, tramoyista de cine (Behind the Screen)
Charlot, héroe del patín (The Rink)

LAS PELÍCULAS DE LA MUTUAL
PRODUCCIÓN: LONE STAR MUTUAL

1918

Vida de perro (A Dog's Life)
The Bond
Armas al hombro (Shoulder Arms)

1919

Al sol (Sunnyside)
Un día de juerga (A Day's Pleasure)

1921 *El chico (The Kid)*
Los ociosos (The Idle Class)

1922 *Día de paga (Pay Day)*
El peregrino (The Pilgrim)

LAS PELÍCULAS DE LA UNITED ARTISTS
PRODUCCIÓN: REGENT-UNITED ARTISTS

1923 *Una mujer de París (A Woman of Paris)*

1925 *La quimera del oro (The Gold Rush)*

1928 *El circo (The Circus)*

1931 *Luces de la ciudad (City Lights)*

1936 *Tiempos modernos (Modern Times)*

1940 *El gran dictador (The Great Dictator)*

1947 *Monsieur Verdoux*

1952 *Candilejas (Limelight)*

LAS PRODUCCIONES BRITÁNICAS
PRODUCCIÓN: ATTICA ARCHWAY

1957 *Un rey en Nueva York (A King in New York)*

PRODUCCIÓN: UNIVERSAL PICTURES

1967 *La condesa de Hong Kong (A Countess from Hong Kong)*

Muchísimas gracias a Kate Guyonvarch y a Claire Byrski, de la Asociación Chaplin, que nos han facilitado enormemente la búsqueda de fotografías y nos han dado unos consejos muy valiosos. Gracias también a Wilhelm Staudinger, que nos ha abierto generosamente las puertas de su fabulosa colección de objetos Chaplin, en Frankfurt. Las fotografías de estos objetos son de Christophe Jacrot. También queremos dar las gracias a Jean-Louis Capitaine y a Alexandre Boyer por permitirnos el acceso a sus magníficos carteles. Gracias a Céline, por sus intervenciones humorísticas y por su colección de grabados de todo tipo.

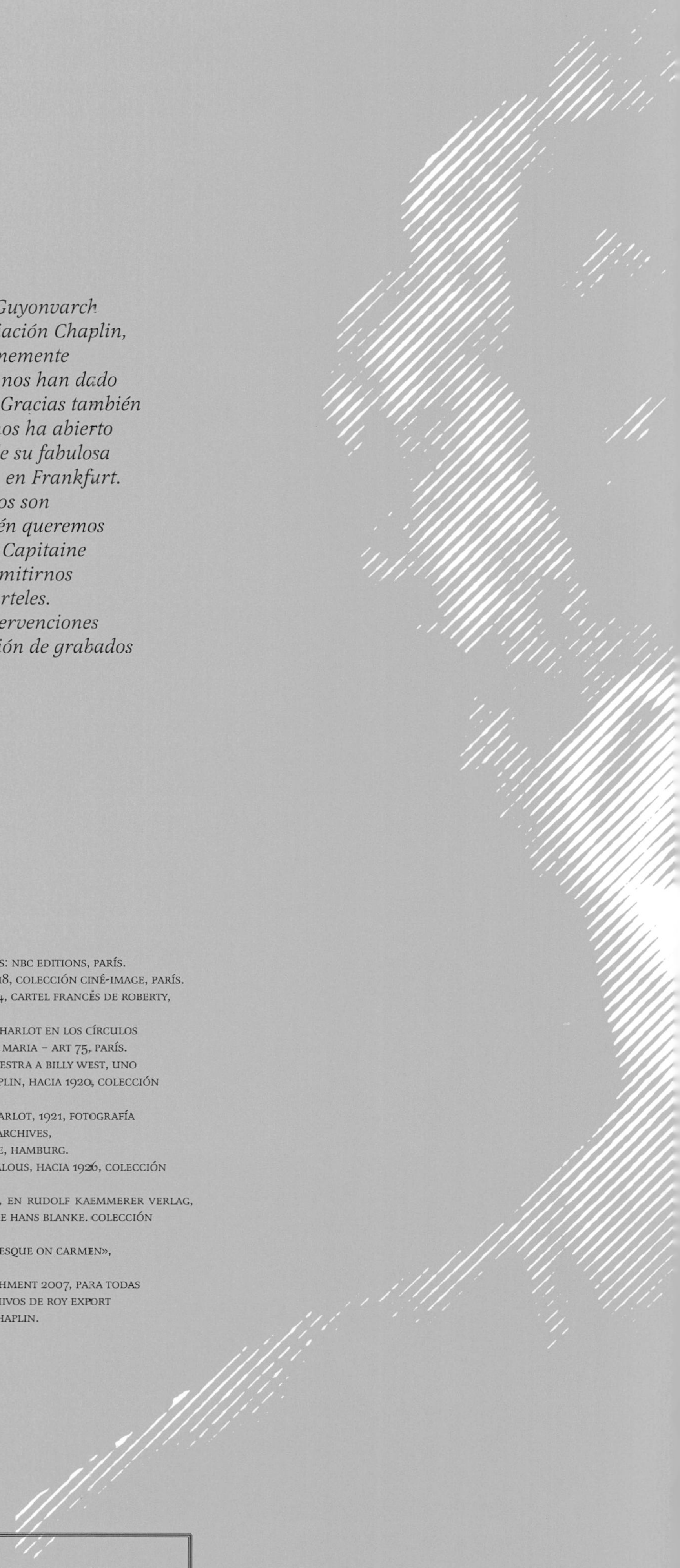

CORTESÍA POR EL CONJUNTO DE LAS IMÁGENES: NBC EDITIONS, PARÍS.
PÁGINA 21 CARTEL DE AUGUSTE LEYMARIE, 1918, COLECCIÓN CINÉ-IMAGE, PARÍS.
PÁGINA 24 «CHARLOT GARÇON DE CAFÉ», 1914, CARTEL FRANCÉS DE ROBERTY, COLECCIÓN CINÉ-IMAGE, PARÍS.
PÁGINA 26 EN EL CENTRO, UN IMITADOR DE CHARLOT EN LOS CÍRCULOS BERLINESES, HACIA 1920, COLECCIÓN YVES DI MARIA – ART 75, PARÍS.
PÁGINA 26 CARTEL DE ROGER SOUBIE QUE MUESTRA A BILLY WEST, UNO DE LOS IMITADORES MÁS CONOCIDOS DE CHAPLIN, HACIA 1920, COLECCIÓN CINÉ-IMAGE, PARÍS.
PÁGINA 26 CONCURSO DE IMITADORES DE CHARLOT, 1921, FOTOGRAFÍA DE W. J. SANDISON, COLECCIÓN DER SPIEGEL ARCHIVES, DEICHTORHALLEN - HAUS DER PHOTOGRAPHIE, HAMBURG.
PÁGINA 70 SMICH, COLLAGE DE EVZEN MARKALOUS, HACIA 1926, COLECCIÓN MUSEUM FOLKWANG, ESSEN.
PÁGINA 70 DIE CHAPLINIADE, DE IVAN GOLL, EN RUDOLF KAEMMERER VERLAG, DRESDEN, 1920, ILUSTRACIÓN DE CUBIERTA DE HANS BLANKE. COLECCIÓN PARTICULAR, PARÍS.
PÁGINA 89 CARTEL «CHARLIE CHAPLIN'S BURLESQUE ON CARMEN», ANÓNIMO, 1916.

MAY WE SUGGEST... *Reservations*

¿Este libro te ha gustado y deseas volverlo a hojear o, incluso, leerlo por segunda vez hasta el final?
¡No sufras!
Te aconsejamos que lo reserves, ya que hay gente que hace rato que se muerde las uñas de impaciencia y está dispuesta a arrancártelo de las manos.
Por favor, escribe aquí debajo tu nombre y apellidos:

El abajo firmante .... desea reservar esta obra el día .../.../......, de las ...... h a las ...... h, y se compromete solemnemente a devolverlo sin demora.

Hecho aquí, en presencia del principal interesado.

Charles Chaplin

Firma (obligatoria)